Julia Engelmann

Wir können alles sein, Baby

Neue Poetry-Slam-Texte

Mit Illustrationen der Autorin

GOLDMANN

 Dieses Buch ist auch als E-Book erhältlich.

MIX
Papier aus verantwor-
tungsvollen Quellen
FSC
www.fsc.org
FSC® C083411

Verlagsgruppe Random House FSC® N001967

6. Auflage
Originalausgabe November 2015
Copyright © 2015 by Wilhelm Goldmann Verlag, München,
in der Verlagsgruppe Random House GmbH,
Neumarkter Str. 28, 81672 München
Umschlaggestaltung: UNO Werbeagentur, München,
unter Verwendung von Illustrationen von Julia Engelmann
Umschlagmotiv Hintergrund: © FinePic®, München
Autorenfoto: © Marta Urbanelis
KS · Herstellung: Str.
Druck und Bindung: CPI books GmbH, Leck
Printed in Germany
ISBN: 978-3-442-48408-9
www.goldmann-verlag.de

Besuchen Sie den Goldmann Verlag im Netz

INTRO

GERADE LEBE ICH ZWEI LEBEN,
EINS IST ECHT, EINS FANTASIE.
IM ZWEITEN MACH ICH VIEL,
IM ERSTEN VIELES ABER NIE:
ICH SAG ALLES LAUT,
ICH LEB ALLES AUS,
ICH LASS ALLES RAUS,
DAS BEFREIT MICH SO SEHR.
DOCH DAS ALLES IST NICHT ECHT,
DAHER WILL ICH DAS NICHT MEHR.

@ROMEO W/<3

Weißt du, was ich gerne wissen würde?

Ich würde gerne wissen,
wenn irgendwo etwas zu Ende geht,
ob dafür anderswo ein Stern aufflimmert,
und egal wie oft die Erde sich noch dreht,
ob sie sich irgendwann an uns erinnert.

Was war das?
War es die Nachtigall oder die Lerche,
die tagverkündend aus dem Schlaf uns sang?
Nein! Der Vogel ist dein iPhone-Wecker,
der durch unsre bangen Ohren drang!
Man sagt, Marimbas Harmonie sei süß,
doch ist sie nicht – »sie zerreißt die unsre ja«!
»Stets hell und heller wird's«,
und ich weiß: Bald müssen wir scheiden.
Doch der Tag ist jung, jünger als wir.
Kannst du nicht noch etwas bleiben?
Ich mein, du kannst jetzt noch nicht gehen.
Wer weiß, wann wir uns wiedersehen?
Denn ohne dich kann ich nicht schlafen,
dann stellt mein Kopf sich tausend Fragen,
wie: Wohin führen mich all die Tage,
wenn nicht am Schluss in deine Arme?

Also hör zu, drück doch auf Snooze,
schenk uns nur fünf Minuten Ruh
    und lass uns einfach mal so tun,
    als ob das heute unser Tag ist.
Und solange du noch da bist,
    erfüll doch in den fünf Minuten
    bitte einen Wunsch von mir,
danach lass ich dich auch fort.
Denn nur eines ist mir mehr wert
    als ein Kuss von dir,
und zwar ist das dein Wort.
Ich mein, du kennst mich ja inzwischen,
    ich rede gern und denk viel nach,
und deshalb würde ich mir wünschen,
    dass du mir ein paar Dinge sagst.

Sag mir,
wenn irgendwo etwas zu Ende geht,
    dass dafür anderswo ein Stern aufflimmert,
und egal wie oft diese Erde sich noch dreht,
    dass sie sich an uns erinnert.

Sag mir, dass nicht das Schicksal,
sondern ich mein Leben selbst bestimme
und dass ich – sollte ich mich verlieren –
mich immer wieder finde.
Und sag mir, dass uns das, was uns nicht umbringt,
härter macht
und dass uns jede Krise so wie diese hier
noch stärker macht.
Sag mir, dass es normal ist,
dass ich nicht auf alle Fragen eine Antwort weiß,
und dass du, bis wir eines Tages alt sind,
noch an meiner Seite bleibst.
Und sag mir, dass ich mich nicht hetzen muss,
weil ich immer genug Zeit hab,
sag mir, dass du mein Zuhause bist
und ich bisher nur verreist war.
Sag mir, dass du immer da bist,
auch wenn ich dich mal nicht sehe,
und dass alles, was Blüten trägt, nur wachsen kann,
wenn es regelmäßig regnet.
Sag mir, auch wenn wir nichts besitzen,
dass wir dennoch ganz viel haben,
und sag mir, dass du kopfstehst,
um die Welt für mich zu tragen.

Und sag mir,
wenn irgendwo etwas zu Ende geht,
dass dafür anderswo ein Stern aufflimmert,
und egal wie oft diese Erde sich noch dreht,
dass sie sich an uns beide erinnert.

Die fünf Minuten Snooze sind um,
  und nun lass ich dich fort.
Jetzt will ich nur noch einen Kuss,
  denn ich hab ja schon dein Wort.
Ich fange an dich zu vermissen,
  aber ich lass dich trotzdem gehen.
Nur eines noch solltest du wissen,
  falls wir uns nicht mehr wiedersehen:
Ich lern dich gerne kennen,
  jedes Mal ein bisschen näher.
Ich verstehe, wer du bist,
  jedes Mal ein bisschen mehr.

Oh, wie gerne würde ich dich festhalten
  und zu mir in meine Tasche tun,
dich festhalten wie Sonnenstrahlen
  kurz vor Beginn der Dämmerung.
»Stets hell und heller wird's«,
  das kann kein Wort der Welt verhindern.
Geh nur, sei beruhigt,
  du musst dich nicht um mich kümmern.

Denn auch wenn unsere Zeit zu Ende geht,
  wird dafür anderswo ein Stern aufflimmern,
und egal wie oft diese Erde sich noch dreht –
  sie wird sich an uns erinnern.

SAG MIR, WER

Du,
sag mir,
wer das ist.
Wer ist mein Zuhaus?
Und wer fängt mich auf?
Wer ist mein bester Freund?
Wer ist es, der mein Tempo läuft?
Wenn ich stillstehe, wer bewegt mich?
Wenn ich verwirrt bin, wer versteht mich?
Und wenn ich weg will, wer ist's, der mich lässt?
Und wenn ich Halt brauch, wer hält mich dann fest?
Wenn ich nicht weiß, wohin, wer zeigt mir den Weg?
Wenn ich nicht weiß, wie, wer zeigt mir, wie's geht?
Wenn ich mich verlier, wer gibt mir, was ich such?
Und wer kann mir sagen, ich bin gut genug?
Wenn ich zweifle, wer steht hinter mir?
Wenn ich weine, wer weint mit mir?
Und wer ist mir unendlich nah?
Wer ist immer für mich da?
Ob ich will oder nicht,
die Antwort ist
immer:
ich.

ABSCHIEDSPARTY OHNE DICH

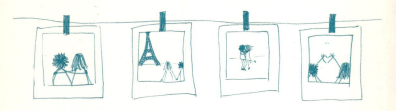

Das Erste, was ich von dir sah,
*   war dein offenes, schönes Gesicht.*
Da kannte ich nicht mal deinen Namen,
*   und jetzt schon hast du ein Gedicht.*
Das lief doch eine Weile echt
*   recht schön für dich und mich.*
Trotzdem ist das hier
*   deine Abschiedsparty ohne dich.*

Vor knapp eineinhalb Wochen
    hab ich zuletzt mit dir gesprochen,
und mit diesem Blick, der Bände spricht,
    hast du gesagt, dass es zu Ende ist.
Wenn ich heute daran denke,
    sitzt mir der Schock noch in den Knochen.

An dich denken muss ich trotzdem,
    muss uns Revue passieren lassen,
weil ich doch krass überrascht bin,
    wie wenig wir zusammenpassten,
    obwohl wir uns doch mochten.
Das will mir nicht aus dem Kopf gehen.

Mir scheint, du hast ein zweites,
  viel geheimeres Gesicht,
und eigentlich verdienst du
  gar kein eigenes Gedicht.
Denn du hast dich entschieden,
  gegen uns und gegen mich,
deshalb feiere ich allein
  'ne Abschiedsparty ohne dich.

Ich hab extra 'ne CD gebrannt
  mit allen unseren Lieblingsliedern.
Dazu wird heute noch getanzt
  und ab morgen dann nie wieder.
Ich esse *unsere* Schokolade,
  und ich trinke *unseren* Saft,
  auf uns beide: ex und weg.
Ich seh dich vor mir, wie du lachst,
  auf unserem ersten Polaroidbild,
  das jetzt zunehmend verblasst.

Das mit uns erscheint mir so
  wie ein weit entfernter Mond,
wie ein flüchtiger Parfüm-Spot
  in Schwarz-Weiß und ohne Ton,
wie ein superkurzer Tagtraum,
  den es kaum zu träumen lohnt –
gestern hab ich dir vertraut,
  heute vergesse ich dich schon.

Und du? Du willst jetzt noch mal mit mir reden?

Ich war ein offenes Buch,
    du nur ein knapper Klappentext.
Das ist nicht nur nicht genug,
    sondern sogar ungerecht.
Ich hab mich in dir getäuscht,
    so viel an uns war gar nicht echt.
Und obwohl ich nicht will,
    seh ich dich lächeln in Flashbacks.

Und dann frag ich mich unentwegt,
    ob du noch manchmal an mich denkst,
    wohin du wohl als Nächstes gehst,
    wohin du jetzt dein Leben lenkst.
Frag mich, wen du als Nächstes küsst
    und bei wem du gerade bist.
Doch am meisten will ich wissen,
    was so falsch gelaufen ist.

Und du? Du willst jetzt noch mal mit mir reden?
Aber ich, ich will nicht nur nicht mit dir reden,
ich wünschte, wir hätten überhaupt nie geredet.

Weißt du, warum Eichhörnchen immer
    so viele Nüsse vergraben?
Weil sie vergessen, wo sie die bisherigen
    versteckt haben.
Sie fangen immer wieder neu an,
    mit der gleichen Kraft.
Ich wünschte, ich wäre wie sie.

Und ein allerletztes Mal
*   denke ich an dein Gesicht*
und schreib die letzten Zeilen
*   in dein einziges Gedicht.*
Auch ich hab mich entschieden,
*   für meine Werte und für mich,*
und so endet schließlich
*   deine Abschiedsparty ohne dich.*

SCHLECHTESTESTESTESTER TAG

[Prolog]

Mir ist schlecht, und alles dreht sich,
  ich will weg, aber das geht nicht.
Denn ich sitz in diesem Käfig
  ohne Licht, und ich versteh's nicht.
Also leg ich mich jetzt hin.
Und erst wenn ich woanders bin,
  steh ich auf oder beweg mich.

[Der Tag]

Oh Boden, kalter Boden,
  du ziehst mich magisch an,
  ziehst mich in deinen Bann.
Du wirfst mich aus der Bahn,
  bis ich nicht anders kann.
Jetzt kleb ich an dir dran
  und bin das Gegenteil von oben.

Ja, heute ist der schlechtestestesteste Tag,
  der tiefste Tiefpunkt, den es je gab.
Ich hänge in den Seilen, ich hänge im Quark,
bergauf ist so schwer, also gehe ich bergab.

In meinem Leben hat sich echt seit Tagen nichts getan.
Soll heißen: Ich hab einfach nur gegammelt
   und geschlafen,
und ich hab mich viel bedauert,
   denn ich finde vieles tragisch.
Und das ist das Resultat: Gar nichts.
Das ist allerletzte Sahne.

Und sagt man nicht,
   »die Wohnung ist der Spiegel deiner Seele«?
Also wenn ich mich hier umschaue,
   dann bin ich ein Haufen Elend:
Ein Jenga-Teller-Turm macht
   dem Geschirrschrank Konkurrenz,
und müsste ich Kühlschrankreste essen,
   gäbe es angeranzten Senf.
Hier probt »We Love the Mess«,
   meine Ein-Mann-Indie-Band,
aber Lieder spielen wir nicht,
   also falls ihr das jetzt denkt.
Wir spielen »Consume Diem!« –
   »Verschwende den Tag!«.

Wir sind fauler als ein Sloth,
    der in 'ner Hängematte harzt.
Und mit »wir« meine ich »mich«,
    bloß im Pluralis Majestatis,
denn außer meiner Sprache protzt
    und schillert hier sonst gar nichts.
Guck mal, 'ne Bananenschale!
    Fast wie bei Mario Kart!
Und auf den Fliesen liegt 'ne Art
    Klamotten-Klicklaminat.
Oder liegt unter dem Zeug Teppich?
    Keine Ahnung, ich erkenn's nicht.
Meine Wohnung? Die versteckt sich
    nämlich hinter all dem Kram.
Ja, das Chaos hier ist sicherlich
    der Spiegel meiner Seele.
Aber das hab ich eh gewusst:
    Ich bin gerade ein Haufen Elend.

Du sagst, das liegt an mir?
    Davon will ich gar nichts wissen!
Ich finde echt, du könntest mich
    mal etwas unterstützen!
Zum Beispiel auch mit Mitleid
    für mein besseres Gewissen.
Dann würde es mir leichter fallen,
    mich darum zu drücken,
    das Ruder in die Hand zu nehmen,
    der Wahrheit ins Gesicht zu sehen.
Denn das ist nicht schön, kein bisschen,
    das will ich echt nicht machen müssen.

Die Wahrheit ist:
Das Chaos in mir und das um mich
   habe ich allein gemacht.
Um die Strukturen, die ich hatte,
   hab ich mich allein gebracht.
Ich falle, und ich frage noch:
   »Wann fängt mich jemand auf?«
Dabei liege ich schon längst
   auf dir, oh kalter Boden, drauf.
Ich hab mich gehen lassen –
   so wie ein Hefeteig im Grunde.
Ich hab mich hängen lassen –
   so wie Miley Cyrus ihre Zunge.
Ich hab diesen Zustand erschaffen,
   doch keine weitere Stunde habe ich dafür
   noch einen letzten Funken Geduld.
Ich resette mein Leben auf null.

Schluss mit Gammeln, Schluss mit Jammern,
   Schluss mit Warten, Schluss mit Harzen
   und Schluss mit dem Elend, der Haufen kommt weg.
Meine Band bekommt auch einen besseren Namen,
   sie heißt jetzt »We Clean Up the Mess«.

Wenn das der schlechtestestesteste Tag ist,
   der tiefste Tiefpunkt, den es je gab,
ist das Ende vom Ende auch immer ein Start,
ab jetzt geht's bergauf, weiter geht's nicht bergab.

[Epilog]

Mir ist schlecht, und alles dreht sich,
　　ich will weg, aber das geht nicht.
Denn ich sitz in diesem Käfig
　　ganz alleine und versteh's nicht.
Doch dann geht mir ein Lichtlein auf:
　　Ich kann die ganze Zeit schon raus.
Der Käfig um mich war nur der Käfig in mir,
　　und darum geh ich durch die offene Tür.
Mal sehen, was die Welt so taugt.

NEUE BESTANDSAUFNAHME

Teil 1 von 3 / Was ich nicht kann

Ich kann nicht fliegen, nicht mal schweben,
   nicht jonglieren, nicht Gedanken lesen.
Ich kann so vieles gar nicht ändern,
   mich an so vieles nicht erinnern,
    wie meine Geburt oder meine Apple-ID.
Auch Zwilling sein, das kann ich nie.
Ich kann nie Germany's Next Topmodel werden,
   auch nicht 2016,
und wenn du den Handy-Code eintippst,
   kann ich nie wirklich wegsehen.
Ich kann nicht alles gut zu Ende bringen,
auch nicht so schön wie Florence singen
   und weder über Hürden
   noch beeindruckend gut Seil springen.
Ich kann wirklich keine Bälle fangen
   und denke, der Zug ist abgefahren.
Ich kann nicht auswendig aufsagen,
   was ich besitze und zu Hause habe.
Radschlagen kann ich auch nicht,
   weil ich dabei immer umfalle.
Ich kann nicht ewig leben
   und auch nicht für immer jung sein.

Ich kann nicht viele Sprachen,
  nur Deutsch, Englisch und Latein,
und mich nicht so einfach
  von Erwartungen befreien.
Ich kann nicht mehr alles schaffen,
  was ich heute schaffen wollte,
und ich kann dir gerade nicht sagen,
  was ich dir bald sagen sollte.
Ich kann nicht rechtzeitig lernen,
  ich muss immer Zeitdruck haben,
ich kann Spotify-Werbung und
  deine Lügen nicht ertragen.
Ich kann kaum verbergen, was ich denke,
  weil man mir das immer sofort ansieht,
kann nicht wirklich verstehen,
  wieso jemand gemein ist oder angibt.
Und gerade kann ich schlecht sagen,
  was du denkst und wer du bist,
ich kann nicht wissen, was passiert,
  und nicht mehr ändern, was schon ist.

Teil 2 von 3 / Was ich kann, aber nicht will

Ich kann Wäsche gut waschen,
  aber will sie nie aufhängen,
und auch vom Geschirrspülen
  kann ich mich super ablenken.
Ich kann meine Sachen problemlos dreckig machen,
  fallen, vergammeln oder liegen lassen.
Ich kann zum Einschlafen zu wach sein
  und dann zu müde zum Aufstehen.

Ich kann innen froh gestimmt sein,
  aber von außen ernst aussehen.
Ich kann schnell auflegen,
  wenn ich um Worte ringe,
  und schnell Fluchtwege aus jeder Aufgabe finden.
Ich kann mir ausmalen, wie etwas wird,
  noch bevor irgendetwas losgeht,
kann über Dinge urteilen,
  bei denen mir das gar nicht zusteht.
Ich kann Dinge bereuen, die längst vorbei sind,
  und über Wege klagen, die echt nicht weit sind,
  und mir einreden, dass ich nie bereit bin.
Ich kann an uns denken und an alles,
  was blöd war und besser hätte sein sollen,
ich kann mich bemitleiden für alles,
  was ich nicht war, doch hätte sein wollen.
Ich kann Altes unnötig glorifizieren,
  kann Firlefanz überdramatisieren.
Ich kann machen, was mir schlecht tut,
  aber einfach und bequem ist,
und kann aushalten und bleiben,
  wenn ich eigentlich längst gehen will.

Teil 3 von 3 / Was ich kann

Ich kann nicht viele Sprachen,
  aber über vieles sprechen,
und außerdem kann ich Dialekte
  und Akzente.
Ich kann atmen und lachen
  über die absurdesten Sachen.

Ich kann auf mich aufpassen,
kann für mich selbst sorgen
  und mir Ziele stecken –
  für gleich und übermorgen.
Ich kann Strichmännchen zeichnen,
  tanzen, singen, schreiben.
Und ich kann mich entscheiden,
  ob ich an das Gute glaube oder nicht,
kann bestimmen, wie sie ist,
  meine Weltsicht.
Ich kann mit meiner Stimme so reden,
  dass du mich verstehst,
und ich kann für dich da sein,
  dir helfen, dir was geben.
Ich kann in fast allem
  auf der Welt was Schönes sehen.
Und ich kann mich verlieben –
  nur weiß ich nicht, in wen.

WIR KÖNNEN ALLES SEIN

Die einen wollen, dass wir etwas werden,
  die anderen wollen, dass wir etwas bleiben.
Doch was wollen wir? Was wollen wir sein?

Auch wenn Dinge sich verändern,
  die Welt an sich bleibt immer gleich.
Daher müssen wir nichts werden,
  wir können jetzt schon alles sein.

Wenn sie nicht an uns glauben
  und wenn sie uns unterschätzen,
dann nur, weil sie in uns sehen,
  was sie von sich selbst kennen.
Wir lassen uns nicht stoppen,
  wenn sie wollen, sollen sie reden,
wir schauen auf uns selbst,
  um entschlossen weiterzugehen.

Das hier ist das Willy-Wonka-Ticket,
das hier ist der Freifahrtschein,
  ist Wunschkonzert und Greencard,
denn wir können alles sein.

Das schreiben wir an jede Wand,
  uns hinters Ohr und auf die Stirn,
das singen wir auf jedem Platz –
  dass dieses Leben uns gehört.
So wird es überall bekannt,
  endlich sind wir laut wir selbst,
wir machen heute Handstand,
  heute tragen wir die Welt.

Woher wir kommen, ist nicht wichtig,
  wichtig ist, wohin wir gehen.
Wir müssen nichts verstecken,
  wenn wir zu uns selbst stehen.
Wir können Zeit zu Hause vergeuden
  und von der Welt im Stillen träumen.
Doch lieber gehen wir nach draußen
  und träumen manchmal von zu Hause.

Wir können uns für uns entscheiden,
  alles wird wahr, wonach wir greifen.
Hier ist, was der Himmel weiß:
  Wir können jetzt schon alles sein.
Die Schnittmenge von dem,
  was wir gerne sein wollen,
und dem, was wir gerade sind,
  ist hundert und nicht eins.
Wir haben alle Zeit,
  denn wir können kann alles sein.

Glücklich, zum Beispiel,
    oder gut genug und frei,
laut, bunt, schön und federleicht,
simpel, witzig, wahr und leise,
open-minded, hilfsbereit,
spontan und immer mit dabei,
entspannt, mit allem eins
    oder zusammen und dann zwei.

Und wir können alles sein.

Optimistisch, philosophisch,
lieb, romantisch, melankomisch,
selbstbewusst und einzigartig,
ein bisschen, alles oder gar nichts,
immer anders, immer neu,
authentisch, mutig, wild und toll,
in der Welt zu Hause,
    in uns selbst daheim.
Es ist so vieles möglich.

Und wir können alles sein.

Unsere eigenen Helden,
unsere eigenen Freunde,
unser eigener Investor in
    unsere eigenen Träume.
Unsere eigenen Beschützer,
unsere Schüler, unsere Lehrer,
unsere eigenen Vorbilder,
unser Halt, unsere Verehrer.

Und wir können alles sein.

Querdenker, Quereinsteiger,
Grenzgänger, Wegweiser,
Party People, große Kinder,
Erfinder und Familiengründer,
Alles-Erdachte-möglich-Macher,
Lebenslauf-Collagenbastler
    oder Master of Disaster
    an der Uni Kopenhagen.

Denn wir können alles sein.

Wir können alles sagen,
wir können alles leben,
    und wir können alles haben.
Wir können jeden lieben,
    alles denken, alles machen,
wir können alles lernen,
    alles verwandeln, alles schaffen.

Auch wenn die Dinge sich verändern,
    unsere Welt bleibt immer gleich.
Daher müssen wir nichts werden,
    denn wir können alles sein.

JETZT

Wir halten kurz die Luft an,
    dann setzen wir zum Sprung an.
Und so tauchen wir ins Jetzt –
    dahin, wo uns keiner kennt.
In ein Meer ohne Strände,
    in ein Bild ohne Ränder.
In einen Fluss ohne Dämme,
    in einen Beginn ohne Ende.

Wir bauen uns ein *Moonrise Kingdom*
    in den Moment, in dem wir wohnen.
Wir tragen Kirschohrringe
    zu weiten Kleidern aus Wind.
Auf unseren Köpfen thronen
    selbstgebastelte Kronen
    gemacht aus allem, was wir sind.
Wir sind beide der Häuptling
    und auch beide ein Kind.

Wir schlafen unter lichtdurchfluteten Blätterdächern
    und seidigen Sonnenstrahlendecken
    in federweichen Flussbetten,
    bewegen uns in Pirouetten.
Ich will nicht aufhören zu lächeln,
    nicht aufhören, an uns zu denken.
All unsere Gänseblümchenketten –
    sie werden nie verwelken.

Wir sitzen auf der Veranda
    vorm prachtvollsten Mammutbaumhaus,
    zwischen Lianendschungelschaukeln
    baumeln unsere Füße raus.
Ein roter Riesenradpaternoster
    ist uns ein rundes Treppenhaus.
Hier ist alles so friedlich,
    und die Aussicht ist schön.
Es gibt nichts zu verändern,
    es gibt keinen Grund zu gehen.

Am Pavillon in Ombréfarben
    leuchten unsere beiden Namen
    in bunten Neonbuchstaben.
Wind wirft weißes Mandelbaumkonfetti
    auf uns, und Pusteblumen paragliden
    zwischen Papierfliegerpfauen umher.
Glühwürmchen landen leise
    wie Kong-Ming-Laternen, nur kleiner,
    und bilden ein funkelndes Meer.

Durch miamihimmelfarbene Pupillen
    hinter rhabarberschorlefarbenen Brillen
    ist es wie in einem Glückskekskaleidoskop
    zu sitzen.
Wir sind Phönixe beim Aufstehen
    und am Abend kleine Eulen,
    statt Kaffee gibt es Morgentau
    zu Kokosflockenwolken.

Wir sind weiche Hängematten,
    gespannt zwischen eben und gleich,
    wir haben unendlich viel Luft
    und unendlich viel Zeit.
Wir sind eine Küstencabriofahrt,
    offenes Haar und offenes Dach,
    die keinen Anfang und kein Ende hat.
Wir sind frische Polaroidbilder,
    alle Farben werden stärker,
    und jeder neue Atemzug
    fühlt sich so an wie mein erster.

Wir sind das Livekonzert
    unseres Lieblingslieds,
zusammen singen wir den Remix
    auf Repeat, auf Repeat.
Wir lachen in Slow Motion,
    wir leben in Zeitlupe,
haben ein kleines bisschen Ewigkeit
    in diesem Zwischenraum gefunden.

Wir malen mit Pastellstraßenkreide alle Wälder
    aus unserer Fantasie
    auf die Wirklichkeit drauf.
Wir machen Mohnengel in Mohnfeldern,
das sieht aus der Zugvogelflugperspektive
    ganz schön rätselhaft aus.
Wir springen über jeden Stein
    und auch Tulpentrampolin,
und am Ende jeder Welt
    sehen wir 'ne neue vor uns liegen.

Wir seilen uns von der Erde ab
    in hunderttausend Galaxien.
Wir sind in die Unendlichkeit
    und die Verliebtheit verliebt.
Wir sind bereit für jedes Wunder,
    Superhelden, unverwundbar.
Wir sind gleich wahr und gleich leicht
    inmitten endloser Freiheit.
Wir sind gleich groß und gleich stark,
    und alles ist einfach.

Dieser Moment – er ist komplett perfekt,
und zum ersten Mal weiß ich:
    Ich lebe im Jetzt.

Ich hätte niemals geahnt,
    dass wir zwei mal hier landen,
alles macht Sinn,
    alles fügt sich zusammen.

Geh nicht, vergeh nicht,
   bitte bleib noch bei mir,
lass meine Hand nie los,
   dann verweilen wir hier.
Geh nicht, vergeh nicht,
   komm, wir gehen noch ein Stück.
Alles, was du mir gibst,
   gebe ich dir zurück.
Wir tauchen nie auf,
   immer weiter hinein,
und in unseren Gedanken
   kehren wir endlich heim.

MELANCHOLIE

Wenn wir zusammen sind,
sehe ich in deinem Blick
immer nur, was vor uns liegt,
niemals das, was niemals ist.

Weißt du, was ich meine?
Nicht für 'ne winzige Weile
    habe ich jemals bezweifelt,
dass wir all das erleben,
    wovon wir jetzt so reden.
Als könnte es für uns
    gar nichts außer Zukunft geben,
als könnten wir uns
    niemals nicht mehr bewegen.

Es macht mich gerade so heftig traurig,
    dass alles, was beginnt, auch enden muss
und dass es vielleicht nur so scheint,
    als sei der Himmel für uns grenzenlos.

Ich weiß, dass diese Haltung
    nicht im Ansatz exklusiv ist.
Doch eine Sache auf der Welt,
    die mir etwas zu fiktiv ist,
ist die Vorstellung vom Ende
    aller erdenklichen Dinge.
Ich stell mir lieber vor,
    wie sie beginnen.

Und ich hasse es, dass Zeit vergeht.
Was soll der Mist, ganz ehrlich?!
Wer hat sich das denn ausgedacht?
Das wär doch locker entbehrlich!
Und sag mir nicht, dass Endlichkeit alles,
    was wir lieben, kostbar macht.
Auch wenn das stimmt – die Wahrheit ist,
    dass sie vieles schwer verkraftbar macht.

Nur, weil wir gerade jung sind,
    heißt das nicht, dass wir es bleiben,
aber wir können das nicht fühlen,
    ohne Erfahrung nie begreifen.

Meine Mutter sagt, sie weiß nicht,
    wohin all die Tage gehen,
sie ist schon über fünfzig,
    dabei war sie gerade erst zehn.
Meine Oma sagt, sie weiß nicht,
    wo all die Jahre hin sind,
alles fühlt sich an wie immer,
    eben war sie noch ein Kind.

Es war doch gerade erst Winter,
und jetzt ist es schon August,
und ihre Kinder haben Kinder.

Auch ich frage mich täglich,
wohin alle Stunden gehen.
Weiß das irgendjemand wirklich?
Das ist niemals zu verstehen.
Die Zeit macht mich verrückt,
sie ist ein sehr suspektes Ding,
alles numerisch zu messen,
das ergibt so wenig Sinn.
Wir klammern uns an Zahlen
wie an Bojen in der Flut,
doch in tobendem Gewässer
ist kein Anker Halt genug.

Zu oft will ich noch behalten,
was doch eh vergehen wird.
Zu oft bleibe ich beim Alten,
während Neues passiert.
Wir merken das nicht immer,
aber die Dinge ändern sich.
Ich esse richtig gern Oliven,
früher mochte ich sie nicht.
Mein Hund war mal ein Welpe,
und jetzt ist er keiner mehr.
Hier lag bis eben noch ein Kern.
Hey, wo kommt der Kirschbaum her?

Ich weiß, es lohnt sich nicht,
    an der Vergangenheit zu hängen.
Aber manchmal ist es wichtig,
    liebevoll an sie zu denken
    und ihr so zurückzuschenken,
was sie uns immer wieder gibt.

Ich mag alles das, was war,
manchmal finde ich unfassbar,
    was ich schon erlebt,
    was ich schon geschafft hab.
Das liegt alles unantastbar
    im Tresor eines Frachters –
der schippert in diesem Moment
    auf einem Meer, das keiner kennt,
    dahin, wo nie zuvor ein Schatz lag.

Mein Vater sagt, er weiß nicht,
    wohin all die Tage gehen.
Manchmal betrachtet er die Sterne,
    doch er kann es nie verstehen.
Mein Opa sagt, er weiß nicht,
    wo all die Jahre hin sind.
Alles fühlt sich an wie immer.
Eben war er noch ein Kind,
    spielte Fangen mit seinen Geschwistern,
dann ein Schlag mit einer Wimper,
    und seine Kinder haben Kinder.

Weißt du, was bizarr ist?
Ich schreib das hier jetzt gerade,
und ohne Warten, ohne Fragen
    wird aus diesem Moment bald
    ein ganzer, neuer Tag.
Dann ist der Ort, an dem ich jetzt bin,
    automatisch nicht mehr da.

Zu oft muss ich mich ertappen,
    wie ich die Sachen betrachte,
    die ich niemals wirklich machte,
    die ich niemals wirklich hatte,
und dann finde ich das schade.

Doch wenn wir zusammen sind,
sehe ich in deinem Blick
*   immer nur, was vor uns liegt,*
niemals das, was niemals ist.

HAIKUS

1

Also traurig scheinst du nicht zu sein,
ich aber fühle mich wie der November,
schwer und bescheuert melancholisch.

2

Wenn mir das alles nur passiert,
damit ich was zu schreiben habe,
wo kann ich mich beschweren?

3

Tu doch nicht so als ob – das glaubt dir doch keiner.
Wo cool draufsteht, ist noch lange nicht cool drin.
Braune Kühe geben ja auch keinen Kakao.

4

Ich hatte vergessen, wer ich bin.
Dann hab ich mich gegoogelt.
Nur noch 409.000 Möglichkeiten.

5

Ich bin so angepasst,
wenn es Herbst wird,
fallen mir Blätter aus.

6

Als Erich Fromm schrieb,
unerwiderte Liebe sei auch schön,
war er da gerade glücklich vergeben?

KEIN MODELMÄDCHEN

Manchmal wär ich gerne zarter,
   aber das hat keinen Zweck,
ich bin kein Modelmädchen,
   ich bin komplett unperfekt.

Ich bin kein süßes Mäuschen,
   keine Prinzessin, keine Diva,
bin unter weißen Pudeln
   eher der goldene Retriever.
Ich trinke sehr selten Hugo,
   dafür öfter mal Tequila,
ich spiele keine Spielchen,
   ganz direkt sein ist mir lieber.
Ich trage kaum hohe Schuhe,
   denn ich liebe meine Sneaker,
ich setz mich mitten in den Staub
   und tanz im Regen bei Gewitter.

Ich kichere niemals leise,
   meist lache ich ganz laut,
all die Dinge, die ich denke,
   spreche ich am liebsten aus.
Ich bin keine hotte Torte,
   mehr eine treue Tomate,
ich kann kein Ballett,
   ich kann Yoga und Karate.

Ich bin keine edle Elfe,
    keine Modebloggerin,
schminke ich mir ein Gesicht,
    ist es nach einer Radfahrt hin.

Manchmal wär ich gerne feiner,
    aber das hat keinen Zweck,
ich bin kein Modelmädchen,
    ich bin einfach unperfekt.

Und kein Schnappschuss von mir ist für Tumblr geeignet.

Ich esse Äpfel bis zum Stiel,
    auch wenn das nicht sehr vornehm ist,
in meinem Haar hängt eine Fliege,
    anstatt dass eine Blume es schmückt.
Ich bin keine Early-Morning-Beauty,
    ich bin stets von der Nacht zerzaust,
an mir sehen auch Mädchen-Jeans
    mehr so wie Boyfriend-Hosen aus.

Und ich bin nicht aus Zucker,
    mehr aus frischer Pfefferminze,
beim Sport bin ich nicht pretty,
    weil ich dabei ganz schön rot werde.
Meinen Fingerkuppen
    sieht man das Gitarrespielen an,
das ist der Grund, warum ich
    nie French Nails tragen kann.
Ich besitze bunte Kleider,
    trage aber meistens Schwarz,
mir reicht kein kleines Müsli,
    davon werde ich nicht satt.

Manchmal wär ich gerne schöner,
aber das hat keinen Zweck,
ich bin kein Modelmädchen,
ich bin anders, unperfekt.

Dass du ihr hinterherguckst,
hab ich gerade genau gesehen,
und daher weiß ich auch,
dass du auf Modelmädchen stehst.
So wäre ich heute gern eines,
nur um dir gut zu gefallen,
aber das wäre eine Lüge,
das könnte ich nicht halten.
Du als Modelmädchenjunge
wirst so bleiben, wie du bist,
wir finden jeweils bald woanders,
was das Beste für uns ist.
Aus jeder Traubensorte
wird am Schluss ein guter Wein,
und der Mensch, der wir sind,
der sollen wir auch sein.

Manchmal wären wir gern anders,
doch das hat niemals einen Zweck.
Jeder ist auf seine Weise
gut genug und auch perfekt.

AKA BTW CU

*A*ctually, awesome, apparently awkward
and also known as soon as possible.
*B*y the way, brace yourself, badass over here,
bored, bromance, bitch please, brunch.
*C*hallenge accepted, close enough,
call me maybe, casually, crazy,
cool, cute, creepy, candy, crush.
*D*on't worry, don't judge me,
done, dude, duckface,
do it yourself, don't you dare,
daily basis, damn gurrrl.
*E*veryday I'm shuffling,
everyday I'm hustlin'.
*F*ancy, freaky, flashback, Friday,
feel free to share, fail, FYI,
fake, fun, First World Problems,
follow, fitness, foodporn, fly.
*G*o for it, grrrrrrrrl, get your freak on,
guys, get out, aaaaaaand they're gone.
*H*ey, hot, hipster, hashtag.
*I*t's on, it's a wrap, it's a trap,
I don't know, I'm afraid, in your face,
Idautit, instahair, I don't care.
*J*ust saying, just kidding, just do it.
*K*eep calm, keep living, keep movin'.
*L*et's be real, let's play, like a boss,

legendary, lazy, laughing my ass off,
like for like, let go of, love.
*M*ake it rain, make it up, make your bed,
Mother of God, mindset, me so mad.
*N*om nom nom, not now, not bad,
nice, night, nerd, nature, Nyan Cat,
no way, no she didn't, no offense,
none taken, no filter, no regrets,
no risk, no fun, no pain, no gain.
*O*ffline, outfit of the day,
overacting, on my way.
*P*osh, pretty, perfect taste,
play it safe, play it right.
*Q*uiet, quote of the night.
*R*eddit, repost, random, reallife.
*S*poiler, stop it, so much fun,
selfie, swag, smile, sun.
*T*hrowback Thursday, Thank God It's Friday,
thug life, tough life, twerk, tonight,
that escalated quickly, that's too late,
that's what she said, tessellate.
*U*nicorn.
*V*iral.
*W*eird. »What's Goes?« What's up?
Wait for it. What the fuck?
*X*OXO.
*Y*olo, yes, yay, you go girl, you're the best,
you get the idea – from *A* to …
Z.

LMAO :D

OMG!
#OOTD
OMW

#TBT
TGIF

WTF ?!

YOLO

Oh Internet, oh Internet,
look at what you've done.
You are the one to blame,
dass ich kein Deutsch
    mehr sprechen kann.
There's an English girl inside of me
and she wants to leave her house
because she thinks she speaks so good
(which I must say I highly doubt).
In fact her Denglish really sounds
(if you hear her speak it loud)
not like the yellow of the egg,
but on the other hand it goes.

TMI

DIESES ALTER

Wie gern wärst du ein Kranich,
  ein Vagabund mit Flügeln,
könntest ohne feste Zügel
  erhaben über allem fliegen,
um endlich das zu kriegen,
  was diese Leere in dir füllt,
  bevor ein Fremder sie enthüllt.
Wie gern wärst du ein Weltenbummler
  zwischen Afrika und Rostock,
zwischen Risiko und Hoffnung,
  auf Wolkenaugenhöhe oben,
nur ab und zu mal auf dem Boden,
  um von jedem Ort zu kosten.

Vielleicht ist das dieses Alter,
  da ist wohl keiner jemals greifbar,
weil man nicht mal so viel Halt hat
  wie der Schatten eines Weinglases.

Du nimmst dir ein Semester frei,
    kommst mal raus, kommst herum,
trampst bis nach Indien,
    bist bei dir, auf der Suche.
Du gehst im Hatha-Yoga-Ashram
    deiner Sache auf den Grund,
zumindest mit der Nase auf die Matte –
    deine Haare sind jetzt bunt.

Du machst Harfenstraßenmusik
    in Lyon und Lissabon.
Suchst du wirklich nach dir selbst
    oder rennst du vor dir davon?
Du sagst, du willst dir nichts beweisen,
    nur auf den Machu Picchu steigen,
und du willst auch gar nichts finden,
    du willst nur gerne weiterreisen,
nirgendwo zu lange bleiben,
    denn sonst dringt zu viel nach innen.

Du kopierst fast eins zu eins
    alles aus *Into the Wild,*
wanderst barfuß querfeldein,
    tauschst Freiheit gegen Halt.
Es ist doch so, wie Christopher
    dann ganz am Ende schreibt:
»Glück ist nur echt, wenn man es teilt.«
Alles wird echt, weil man es teilt.
Aber du bindest dich an keinen
    und bleibst lieber alleine.

Nichts ist dir genug, nicht mal viel,
ständig hast du das Gefühl,
   in dir sagt eine Stimme:
»Hör nicht auf, neu zu beginnen.
   Du musst höher, weiter springen,
   denn noch bist du nicht am Ziel!«
Und ich seh dir dabei zu,
   schon seit Ewigkeiten,
und es wäre so ein Leichtes,
   einfach streng zu urteilen.
Doch ich bin genau wie du.

Wie gern wär ich ein Kranich,
   ein Vagabund mit Flügeln,
   erhaben über allem fliegend,
unendlich, um all das zu kriegen,
   was diese Leere in mir füllt,
   bevor ein Fremder sie enthüllt.

Vielleicht ist das dieses Alter,
vielleicht wachsen wir da raus,
vielleicht hört das alles mit der Zeit
   von alleine auf.

Denn wir sind zu hart miteinander
   und zu hart zu uns selbst,
aber das ändert sich nicht
   am anderen Ende der Welt.
Wir suchen an den falschen Orten
   nach den falschen Dingen,
und dann sind wir ernüchtert,
   wenn wir wieder nichts finden.

Und kaum sind wir irgendwo,
    zieht es uns magnetisch da weg.
Wir sind sprunghaft wie ein Floh
    und unverbindlich wie das Wetter,
wir verschwinden immer besser
    als die anderen um uns rum.
Und wir sagen niemals Tschüss,
    wir schleichen weg, wir bleiben stumm.

Wir sind Eisberge,
    nur ein Siebtel von uns ist sichtbar,
der Rest bleibt backstage tief im Meer,
    versteckt, verborgen, aber sicher.
Wir sind rastlose Nomaden
    mit kraftlos wackelnden Fassaden,
auf der Suche nach dem Hafen,
    der uns ein Zuhause ist.
Wir sind Angsthasen,
    die sich nicht in den festen Stand wagen,
wir tragen einheitliche Pappmasken
    mit genau den gleichen Pappnasen.

Wir wollen Halt, aber nichts Festes,
    damit auch ja keiner verletzt ist,
wir machen alles selbst kaputt,
    bevor's kaputtgehen kann.
Und nichts ist gut genug,
    wir wollen immer das Beste,
und wir machen lieber Schluss,
    bevor's zu Bruch gehen kann.

Niemand soll bemerken,
dass uns etwas was bedeutet,
dabei sind wir es selbst,
die wir am Ende damit täuschen.

Vielleicht ist das dieses Alter,
vielleicht wachsen wir da rein,
irgendwann entspannt mit uns,
der Welt und anderen zu sein.

FAMILIE

Hab ich euch heute schon gesagt,
    wie gerne ich euch mag?
Ihr seid der Freundeskreis,
    den ich am allerlängsten hab.
Ihr seid mein Zuhause,
    ihr seid meine große Liebe.
In euren Augen sehe ich mich
    wie in einem fürsorglichen Spiegel.

Alles ändert sich andauernd,
    niemand bleibt ewig ein Kind.
Aber eins bleibt immer gleich,
    und zwar, dass wir Familie sind.

Ihr seid die Prämisse für mein Leben,
    das ist schon klar, seit ich geboren bin.
Ihr seid in meinem Trailer
    und auch in meinen Credits drin.
Ihr seid meine Gegenwart
    und meine Zukunft auch.
Füreinander sind wir das,
    was wir jeweils brauchen.

Mit keinem ist *SpongeBob* so lustig,
    mit keinem sind Spaghetti so lecker.

Keiner kennt mich so wie ihr,
    mit keinem ist die Nordsee besser.
Wir halten stand – bei Wind und Wetter
    bauen wir ein Dach aus unseren Händen
    und wärmen uns wie eine Herde.
Wir halten stand – bei jeder Flut
    improvisieren wir ein Floß
    aus unser aller Hab und Gut.
Alleine sind wir manchmal klein,
    zusammen sind wir immer groß.

Wir sind das beste Team,
    jeder für sich ein Musketier,
wir addieren unsere Kräfte,
    was ich hab, hab ich hoch vier.
Wir sind der Inner Circle
    und bilden einen Kreis,
jeder legt etwas in die Mitte,
    weil wir uns so vieles teilen:
Humor, Ideen und Wissen
    und meist auch eine Sicht,
eine Heimat, einen Hund
    und ab jetzt dieses Gedicht.

Wenn ich jemanden vermisse,
    dann zuallererst euch drei.
Ihr seid mir die größte Stütze
    beim alltäglichen Entscheiden.
Manchmal denke ich,
    ihr kennt mich zu gut.
Doch das gehört zum Leben
    und zum Flüggewerden wohl dazu.

Denn alles ändert sich andauernd,
  niemand bleibt ewig ein Kind.
Aber eins bleibt immer gleich,
  und zwar, dass wir Familie sind.

WIR BEIDE, MIT DEM REST DER WELT

Da war kein Startschuss
    nach dem Motto: »Peng! Bäm! Ab heute!«
Da war kein Schlüsselereignis,
    kein Entschluss: »Wir sind jetzt Freunde!«
Das merkt man ganz allmählich
    wie das Wachsen aller Bäume.
Plötzlich fühlt sich's an wie ewig,
    alles, wie es sein sollte.

Zwischen uns ein roter Faden,
    der uns treu zusammenhält.
Wir beide, niemals gegen,
    immer mit dem Rest der Welt.

Wie viele Jahre sind das schon?
Bisweilen denk ich, das war gestern.
Wir sind schließlich noch die Gleichen,
    nur 'nen kleinen Tick verändert.
Fotos haben wir nie gemacht,
    schließlich waren wir ja dabei,
das Gefühl und die Erinnerung ist,
    was erhalten bleibt.
Haha, oh Mann, es ist so krass –
was wir alles schon erlebt haben,
wohin wir beide schon getingelt sind,
was wir alles schon gesehen haben.

Und weißt du noch?
Zum ersten Mal denken: »Wir sind jetzt erwachsen!«
Zum ersten Mal merken, dass wir uns geirrt hatten.
Bis zum Bauchschmerz lachend am Stadtanfang wachen,
    bis die Bäcker wieder Bäckereien aufmachten.

Weißt du noch?
Jeden Sommer so blass sein wie weiße Gespenster.
Beschleunigen wollen, was eh schon zu schnell war.
Kronkorkenweitwurf aus dem offenen Fenster.
Große Fragen am Zaun, bis es längst wieder dämmert.

Weißt du noch?
Räuberpartys am Deich, ohne Dach überm Kopf.
Mit Schülerausweisen in verrauchteste Pubs.
Erster Auszug von zu Hause, erster Kuss, erster Job.
Mit wem, außer uns, hätten wir das besprochen?

Weißt du noch?
Denken, wir wären Models, Promis oder Fashionistas.
Baggy Jeans zu Chucks und blauer Nagellack mit Glitzer.
Nie dazugehören, nicht zu den Coolen, nicht zu den Kiffern.
Den Soulja-Boy-Tanz lernen in deinem Kinderzimmer.

Weißt du noch?
Statt Schule am Theaterclub als Tänzer oder Künstler.
Beim Casting viel zu laut, in der Klasse viel zu schüchtern.
Spielen und nicht verstehen, was einst von Wedekind war.
Frühlings Erwachen auf der Bühne und dahinter aber Winter.

Weißt du noch?
High School Musical singen durch alle schlafenden Straßen.
Immer wieder gemeinsam jeden nächsten Schritt planen.
Hunderttausend Gespräche und immer wieder das Fazit:
    Wir sind doch ganz schön cool, so am Ende des Tages.

Und hat uns jemand gesagt:
    »Dafür seid ihr zu jung!«,
haben wir nur gedacht:
    »Du bist einfach zu dumm.«
Wir waren immer parteiisch,
    wir waren immer »pro wir«.
Ist das Selbstüberschätzung?
Egal, ich mag uns dafür.

Wir stehlen keine Pferde,
    wir verteilen sie nur um,
wir sind Haustier-Robin-Hoods,
    das ist unterschätzte Kunst.
Wir sind edler Wein im Keller,
    weiß der Laie, weiß der Kenner,
denn wir waren immer gut,
    werden aber immer besser.

Lass uns das alles konservieren
   in einem schönen Kinderlied.
Ganz egal wie alt man ist,
   ein schönes Lied vergisst man nie:
So wie auf einem Baum ein Kuckuck saß
   und auf der Mauer eine Wanze,
wie Theo goldene Garben holt
   und der Hut drei Ecken hat.

Zwischen uns ein roter Faden,
   der uns treu zusammenhält.
Wir beide, niemals gegen,
   immer mit dem Rest der Welt.

LASS MAL 'NE NACHT DRÜBER TANZEN

Und immerzu denken wir nach,
  es gibt ja auch viel zu bedenken.
Doch hat es noch keinem geschadet,
  sich ab und an gut abzulenken.
Und immerzu suchen wir Liebe,
  sie ist ja auch wirklich was Feines.
Doch steht sie nicht immer verfügbar bereit,
  und so bleiben wir manchmal alleine.
Und immerzu haben wir Fragen,
  es ist ja auch vieles so unklar.
Doch all das zu klären
  dauert mehr als ein Jahr,
  vielleicht auch ein ganzes Jahrhundert.

Also, lass mal 'ne Nacht drüber tanzen,
Leichtmut und Freiheitsluft tanken
  und alle Gedanken parken an der Garderobe
  wie die Jacken von entfernten Bekannten.
Frühestens morgen, wenn wir dann wankend
  entspannt landen, wo wir eben noch standen,
stellen wir uns tapfer den ganzen
  gigantischen, großen Gedanken –
sind frei.
»Die Gedanken sind frei.«
»Die Gedanken sind frei.«
Und wir tanzen zu zweit.

Und wir tanzen – bis wir vergessen, welcher Tag ist.
Und wir tanzen – bis wir vergessen, was wahr ist.
Und wir tanzen – bis wir vergessen, wie man stillsteht.
Tanzen – bis wir vergessen, wie man still lebt.

Bunte Punkte von Diskokugeln
    schwimmen durch die Menge
    wie fliegende Fische im Schwarm.
Dich kann ich vor mir
    im Stroboskop-Schwarzlicht
    im nebligen Pulk nur erahnen.
Wir elektroswingen
    zwischen pink blinkenden
    LED-Strahlern
    zu Parov Stelar.
Wir downsteppen
    Bewusstseinswendeltreppen
    zu Dubstep-Bässen
    so bunt wie Frühstücksbrettchen.
Wir wippen trippelnden Schrittes
    zu den hippsten Rhythmen
    von Hip-Hop-Remixen.

Wir breakdancen
   Breakup-Heartbreaks away,
and »we can be heroes,
   just for one day«.
And our pain is contemporary.

Wir pinabauschen im Rausch,
   lauschen staunend dem Tausch
   von lauter und laut:

Ba Ba Ba Boom, Va Va Va Voom.

Lass uns was tun, was wir noch nie gemacht haben,
denn dadurch lernt ja der Mensch nur dazu.

Und Ba Ba Ba Boom, und Va Va Va Voom.

Lass uns so tun, als wären wir immer jung,
und erst wenn es zu laut ist, find ich meine Ruh.

Und Ba Ba Ba Boom, und Va Va Va Voom.

Lass mal 'ne Nacht drüber tanzen
   und zwar ohne alle Gedanken –
sind frei.
»Die Gedanken sind frei.«
Die Gedanken sind freie Wildgänse auf Reisen.
Die Gedanken sind leichte und heitere Kreisel,
sie ringeln und wirbeln sich um ihre Mitte
   wie wippende Derwische mit ihren Kitteln –
die bringen die Röcke wie kippende Klippen
   und schüttelnde Würfel vom Sitzen zum Trippeln.

Und wir tanzen – bis wir vergessen, welcher Tag ist.
Und wir tanzen – bis wir vergessen, was wahr ist.
Und wir tanzen – bis wir vergessen, wie man stillsteht.
Tanzen – bis wir vergessen, wie man still lebt.

Auf der Mauer sitzen.
Kurze Pause vor der Tür.
Kollektives Schwitzen.
Alle rauchen, nur nicht wir –
schweigen nur wartend und atmen,
    kalte Hände in Ärmeln vergraben.
Sogar der Himmel hat heute getrunken!
Man erkennt das am dunkel gewordenen Rotweinmond.
Guck mal, wie er rubinmäßig funkelnd
    majestätisch über grünenden Baumkronen thront.

Von der Mauer aufstehen.
Zurück in den Club gehen.
Dann weitertanzen.
Wir sind heute so gut drauf.
Leitungswasser für lau
    schmeckt süßer als Bier,
und in versifften Spiegeln
    sieht man immer so gut aus.

Und wir tanzen – bis wir vergessen, welcher Tag ist.
Und wir tanzen – bis wir vergessen, was wahr ist.
Und wir tanzen – bis wir vergessen, wie man stillsteht.
Tanzen – bis wir vergessen, wie man still lebt.

Und wir tanzen, und wir tanzen,
und wir tanzen, und wir tanzen,
und wir tanzen, und wir tanzen,
und wir tanzen …

Als alles vorbei ist, treten wir leise
    und Schulter an Schulter die Heimreise an.
Die Wolken sehen auf besondere Weise,
    angeleuchtet vom Sonnenaufgang,
    aus wie Polarlichter vor hellblauem Himmel,
und die schlummernde Skyline
    ist nur eine kleine,
    aus Pappe gebaute Theaterkulisse.
Und alles Gehörte hallt dröhnend,
    wie Echos in Höhlen ertönend,
    in unseren Ohren herum:

Ba Ba Ba Boom, Va Va Va Voom.

So gehen wir auf schwebenden Fersen,
Jeansjacken tragend wie Schärpen,
nach Hause, um Mützen mit Kraft voll zu tanken.
Und über uns, luftballonleicht,
fliegt eine Wildgans und trägt die Gedanken –
sind frei.
»Unsere Gedanken sind frei.«
Und wir sind zu zweit.

Das Ende der Nacht
ist der Anfang vom Schlaf.
Und wer als Erster erwacht,
der eröffnet den Tag.

FLUCHT NACH VORNE

Mein Lieblingsmoment ist,
    wenn es hell wird
    und der Tag anbricht.
Denn ich mag lieber,
    wenn was neu beginnt,
    als wenn etwas zu Ende ist.
Fast – und nur fast – wäre ich
    heute traurig geblieben.
Doch dann hab ich mich
    knapp dagegen entschieden.

Darum muss ich jetzt los,
    ich muss zu anderen Orten,
ich will irgendwann sagen:
    »Aus mir ist was geworden.«
Ich denke nie an gestern,
    nur an jetzt und an morgen,
ich laufe nicht mehr weg,
    nein, ich flüchte nach vorne.

Ich würde auf dich warten,
    aber muss jetzt echt dahin,
um endlich die zu sein,
    die ich längst geworden bin.

Deine Kritik ist mein Treibstoff,
   und so verlasse ich diese Stadt,
wo alles zwischen uns begonnen
   und wo alles auch geendet hat.

Wir haben viel zu viel geredet
   und nicht genug davon gemeint,
du hast mich nicht verloren,
   denn ich war nie wirklich dein.
Es gibt kein falsches Timing,
   ich glaub, das reden wir uns ein,
unsere Utopie war besser
   als das Beieinandersein.

Fünf bedeutsame Gedanken
   lass ich ungesagt zurück,
doch man sieht sich immer zweimal,
   auch wir beide, ganz bestimmt.
Es geht voran, genau wie ich,
   jeden Tag ein bisschen mehr,
aus vielen Schritten wird ein Weg,
   aus vielen Tropfen wird ein Meer.

Und mein innerer Kompass
weist mich jubelnd nach Norden,
alle seidenen Fäden
ersetze ich durch Kordeln.
Ich denke nie an gestern,
nur an jetzt und an morgen,
ich laufe nicht mehr weg,
nein, ich flüchte nach vorne.

Morgen früh seh ich mir den Sonnenaufgang
  im Schneidersitz am Flussufer an.
Mittags kauf ich gelbe Tulpen
  und schenke sie mir selbst.
Abends treff ich viele Menschen,
und dann fliege ich um die Welt,
  nach New York und nach Hawaii,
  und bin kein Kind von Traurigkeit.

Und ab morgen früh werde ich mich weiterentwickeln
  und auf mich hören und auf mich schauen.
Dann werde ich mich trauen
  zu beginnen, laut zu fühlen.
Der Rest wird sich schon fügen.
Wer weiß, wofür das alles gut ist?
Ich fürchte mich vor nichts.
Es heißt, wenn nichts sicher ist,
  ist doch alles möglich.

Also, falls du mich suchst,
ich bin an anderen Orten,
denn ich will irgendwann sagen:
»Aus mir ist was geworden.«
Ich denke nie an gestern,
nur an jetzt und an morgen,
ich laufe nicht mehr weg,
nein, ich flüchte nach vorne.

DEINE KOPERNIKANISCHE WENDE

Du warst einer unter vielen,
   der nette Typ next door,
freundlich, down-to-earth,
   stachst aus der Menge nie hervor.
Es ging dir immer um die Kunst,
   du hast das alles nicht gemerkt,
du wolltest nur ein bisschen Ruhm
   und dann ein kleines bisschen mehr.
Jetzt ist nichts mehr wie früher,
   du hängst da zu tief drin,
du führst ein neues Leben
   mit neuem Inhalt, neuem Sinn.

Du trägst Basic-T-Shirts noch wie früher,
   bloß sind sie jetzt von Moschino,
du spielst immer noch gern Karten,
   nur jetzt um Geld und im Casino.
Und du fährst noch selber S-Bahn-
   Strecken mit dem Porsche ab,
du machst noch selber Wäsche –
   dreckig. Hast du toll gemacht!

Wo früher deine Freunde waren,
   sind heute Fans und Entourage,
früher ging's um Transzendenz,
   heute geht es nur um Gage –

und um Frauen und um Drogen,
    das ist ein Fass ohne Boden.
Du bist down-to-earth wie der Mond,
    und du willst weiter nach oben.
Und wenn jemand mit dir redet,
    hörst du ihm gar nicht mehr zu,
      weil du immer nur an dich denkst.
Niemals will ich sein wie du.

Alles dreht sich nur um dich
    wie ein Kettenkarussell.
Du bist die Achse in der Mitte,
    bist das Zentrum, bist die Welt.
Du bist das goldene Kalb
    und auch der Wall-Street-Stier.
Du bist der schillernde Prinz,
    sie wollen dich, sie folgen dir.
Du denkst längst geozentrisch,
    lebst ungesund, bist egozentrisch.
Du isst den ganzen Tag
    und fühlst dich trotzdem leer,
hast von allem viel zu viel,
    aber du willst immer mehr.

Doch es ist nicht alles Gold, was glänzt,
    denn nichts ist, wie es scheint,
und bejubeln dich Tausend,
    bringt's dich trotzdem nicht weit.
Denn am Ende des Applauses
    zählt nur, wer wirklich bei dir bleibt,
und bist du after-work zu Hause,
    bist du leider ganz allein.

Hör nicht auf singende Sirenen,
   wenn's darum geht, was wirklich wichtig ist.
Denn Geld macht dich nur glücklich,
   wenn du eh schon glücklich bist.

Du bist nicht das Zentrum,
   das Memo hast du wohl verpasst,
und vielleicht kriegst du es nie,
   das wäre schade und auch krass.
Aber wer weiß?
Wenn noch nicht alles gut ist,
   ist es noch nicht das Ende,
und vielleicht erlebst du die
   kopernikanische Wende.

ACHILLESVERS

Es ist jetzt zwei Uhr nachts,
in meiner Brust mehr Sturm als Drang
    und diese unendliche Angst,
dass du mich nicht so magst
    wie ich dich.

Immer wieder denk ich dran,
wie du eben noch bei mir saßt,
stell mir im Looping diese Frage,
warum du fast an jedem Abend
    bei mir bist.

Ich war noch nie so arg verliebt,
jahrelang hab ich getippt,
dass es das für mich nicht gibt,
und jetzt lässt du mich zurück
    für acht Wochen.

Und ich fühl mich so bescheuert.
Erst dachte ich, wir fahren Vollgas,
worin ich mich wohl getäuscht hab,
denn für mein Herz ist gerade Neujahr
    angebrochen.

Für dich bin ich nur ein Freibad,
das täglich für dich Zeit hat.
Für mich bist du heimlich Heimat,
ohne dich bin ich so einsam,
noch mehr als vor deiner Zeit.

Ich hab dir sogar noch gesimst,
hatte gehofft, dass es was bringt.
Ich war ganz und gar *all in*,
womit ich von uns alleine bin,
weil du mir nicht mehr schreibst.

Das zwischen uns habe ich echt
    alles komplett falsch eingeschätzt,
und kurz vor Schluss, zu guter Letzt,
bin ich enttäuscht und auch verletzt,
    in Stolz und Würde.

Ich will am liebsten ganz weit weg
    und das zwischen uns vergessen.
Gleichzeitig muss ich an dich denken,
will nichts mehr, als mit dir zu sprechen,
gleichzeitig will ich in mein Bett gehen,
    denn ich bin müde.

Ich wette, dass du mich vergisst,
wenn du auf großer Reise bist,
nicht ahnend, dass ich dich vermiss,
nicht ahnend, was die Wahrheit ist:
    dass ich dich mag.

Wieso sollst du das auch glauben?
Das steht ja nirgends auf mir drauf.
Oft sag ich, was ich denke, laut,
trete auf großen Bühnen auf,
vor dir hab ich mich nicht getraut
und nichts gesagt.

Ich hab mir insgeheim gewünscht,
du machst demnächst den ersten Schritt,
dann hätte ich gesagt, ich mache mit.
Doch ich weiß, dass es nichts bringt,
das festzuhalten.

Ich stehe ohne Schutz vor dir,
geöffnet mitsamt jeder Tür,
aber das ist nun mal passiert,
und ich schäm mich nicht dafür,
auch wenn ich leide.

Es geht auch anderen wie mir,
die Fallhöhe riskieren
und dabei was verlieren.
Ich bin nur eine unter vielen
und nicht alleine.

Oft sehen wir nur, was wir wollen,
schenken Dingen zu viel Bedeutung,
glauben gern der schönsten Täuschung,
biegen an der kleinsten Kreuzung
dann falsch ab.

Liebe ist unfassbar komisch,
denn ist man erst mal ohne,
erscheint sie recht utopisch
    und dann wieder superlogisch,
wenn man sie hat.

Mein Leben, das geht morgen weiter,
und irgendwann im hohen Alter
    wird mich das alles mal erheitern.
Dann erkenne ich, dass Scheitern
    mich am Ende stärkt.

Ich werde hier am Schreibtisch bleiben,
im Dunkeln noch so lange schreiben,
bis meine Wunden fast verheilen.
So sind diese simplen, wahren Zeilen
    mein Achillesvers.

FÜR DICH

Wenn du das liest,
  weißt du, dass du gemeint bist.
Ich weiß mehr *, als du ahnst,   *(von dir)
  also schreib ich dir heimlich.
Ich will dich nur erinnern,
  dass du jederzeit frei bist
  und dass ich an dich denke.
Du bist niemals alleine.

Und wenn dich etwas belastet,
  dann darfst du darüber reden.
Und wenn dir etwas nicht passt,
  dann darfst du einfach gehen.
Auch wenn manchmal gar nichts gut ist,
  darfst du dich nicht aufgeben.
Schon bald wirst du sehen:
Die Erde wird sich weiterdrehen,
  du wirst all das hier überleben.

Tu dir nicht weh, das lohnt sich nicht.
Das ist mein voller Ernst,
  du bist eine Menge wert.
Ich will * hier vor allem sagen,   *(dir)
  dass es für dich nichts zu tun gibt,
  außer zu leben und zu atmen
  und zu feiern, wer du bist.

Sieh mal in den Spiegel,
    und dann sag mir, was du siehst.
Hör nicht auf hineinzusehen,
    bis du dein Bild darin liebst.

EICHHÖRNCHENMÄRCHEN

Es war einmal ein Eichhörnchen,
das vergrub sich eine Nuss
    neben seinem linken Fuß,
so gründlich wie's nur geht,
    doch da war es schon zu spät.
Denn ihm war nicht bewusst,
    dass jeder Fuß sich ja bewegt.
Fortan glaubte es stets,
    dass überall dort, wo es steht,
    auf jedem Weg, an jedem Fluss,
    das Nussversteck sein muss.

Es war einmal ein Eichhörnchen,
das suchte buddelnd tagelang,
    wohin sein linker Fuß auch sprang,
bis es schließlich gar nichts fand
    außer Sand in seiner Hand.
Es stand so unter Druck
    und beinahe schon am Rand
    seines eigenen Verstands.
Da ergriff es schnell die Flucht,
    sprang ruck, zuck auf einen Bus,
    fuhr in ein neues Land
    und fing dort von vorne an.

Es war einmal ein Eichhörnchen,
das reiste ohne Geld
    nur mit einem Ästezelt
    ein Jahr lang um die ganze Welt,
bis es dann mit letzter Kraft,
    ohne Fund und ohne Schatz,
    zurück nach Hause kam.
Da hat es endlich festgestellt:
Es suchte sein Leben lang,
    ohne Fortschritte zu machen,
    immer nach den falschen Sachen,
    und das am falschen Platz.

Es war einmal ein Eichhörnchen,
das korrigierte seine Taktik
    ganz nach seinem Geschmack.
Das war lecker und auch praktisch.

Es begann, sich zu entkrampfen,
seit Neustem aß es gerne Zapfen
   und unter kussartigem Schmatzen
   auch ab und zu mal einen Apfel.

Es lebte froh am Waldesrande,
hatte Freizeit, fand Bekannte,
   ging auch eines Abends tanzen.
Traf an der Bar auf eine Katze,
wo sie Mandelschorle tranken,
   einen Reigenkreis aufmachten
   und ineinander Freude fanden.
Es mochte ihre Schaufeltatzen,
   und sie mochte, wie es lachte.

Das Eichhörnchen ward glücklich,
und die Moral von dem Gedicht ist:
Gib niemals aus den Händen,
   was dir lieb ist und auch wichtig.
Fürchte keine dunklen Gänge,
   denn du bist dein hellstes Licht.
Und wenn du nicht magst, wo du bist,
   dann kannst du dein Blatt selbst wenden.
Eichhörnchenmärchen Ende.

BUCKET LIST

- ☐ ~~ALLES WERDEN~~ ALLES SEIN !!!
- ☐ ALLES ERLEBEN, WAS ICH KANN, ALLES LEBEN, WAS ICH BIN.
- ☐ EIN LIED SCHREIBEN.
- ☐ EINEN MARATHON LAUFEN.
- ☐ EINE NEUE SPRACHE LERNEN.
- ☐ NOCH MAL IN EINER KARAOKEBAR SINGEN → »I WILL SURVIVE«
- ☐ SURFEN + PARAGLIDEN (VIELLEICHT NUR METAPHORISCH).
- ☐ HAWAII SEHEN + POLARLICHTER (VIELLEICHT AUCH GLETSCHER).
- ☐ FREI SEIN + MICH FREI FÜHLEN (VIELLEICHT AUCH UNENDLICH).
- ☐ STERNE BEOBACHTEN + VERSTEHEN, WIESO ALLES IST.
- ☐ DICH FINDEN. EINFACH, ZUFÄLLIG, OHNE DRAUF ZU WARTEN → DARAN GLAUBEN, DASS DAS GEHT!
- ☐ MICH IN DICH VERLIEBEN.
- ☐ MIT DIR AUF EINER BANK SITZEN + ENTEN FÜTTERN (HAARE MÜSSEN DAFÜR NICHT GRAU SEIN).
- ☐ KINDER BEKOMMEN, AM LIEBSTEN ENKEL + URENKEL.
- ☐ MIT IHNEN AUF BAUMSTÄMMEN BALANCIEREN + DIE WELT DURCH IHRE AUGEN SEHEN!

- [ ] SO VIEL ZEIT WIE MÖGLICH
      MIT MEINER FAMILIE VERBRINGEN.
- [ ] EIN GUTER MENSCH SEIN,
      FÜR MICH UND ANDERE.
- [ ] NIEMALS NICHT LEBEN.
- [ ] NIEMALS KRANK WERDEN.
- [ ] NIEMALS JEMANDEN VERLIEREN.
- [ ] NIEMALS VERGESSEN.
- [ ] SO OFT WIE MÖGLICH GEBURTSTAG FEIERN.
- [ ] EIN BISSCHEN JUNG BLEIBEN.
      JUNG GENUG JEDENFALLS,
      UM GROSS ZU DENKEN + ZU TRÄUMEN.
- [ ] EIN BISSCHEN ERWACHSEN WERDEN.
      ERWACHSEN GENUG JEDENFALLS,
      UM MICH NICHT MEHR ZU FRAGEN,
      WIE ES WÄRE, MICH ERWACHSEN ZU FÜHLEN.
- [ ] IN WÜRDE UND MIT STOLZ ALTERN.
      → AB JETZT!
- [ ] GANZ VIELE LACHFALTEN BEKOMMEN
      UND ALTERSFLECKEN AUCH.
- [ ] IRGENDWANN MAL BINGO SPIELEN.
      (FALLS WAS ANDERES IN IST:
      OFFEN FÜR VERÄNDERUNGEN SEIN!)

- [ ] ÜBERRASCHUNGEN ERLEBEN,
  IMMER WIEDER.
- [ ] GEFÜHLE ZULASSEN,
  IMMER UND IMMER WIEDER.
- [ ] LOSLASSEN,
  IMMER UND IMMER UND IMMER WIEDER.
- [ ] SAGEN, WAS ICH FÜHLE
  ODER ZUMINDEST WAS ICH DENKE.
- [ ] SAGEN: »SO HAB ICH MIR DAS
  VORGESTELLT.« ODER: »SO HAB ICH
  MIR DAS NICHT VORGESTELLT,
  ABER DAS HIER IST BESSER.«
- [ ] BEGREIFEN, DASS DIE BESTEN
  DINGE EINFACH SO PASSIEREN.
- [ ] BEGREIFEN, DASS ICH JETZT SCHON
  ALLES HABE, WAS ICH BRAUCHE.

- [x] WENIGER ZEIT MIT PLANEN UND
  LISTENSCHREIBEN VERBRINGEN.
  STATTDESSEN:
  RAUSGEHEN UND LEBEN.

STURM UND TATENDRANG

Für dich bin ich ein Schluck Wasser,
    doch für mich bin ich Champagner.

Ich war zu lange ohne Welt
    wie Rilkes müder Panther.
Bin auf der Stelle getreten
    wie ein kleiner Hamster.
Aber heute wird gefeiert,
    jeder Tag ist Samstag.
Meine Träume werden wahr,
    das ist mein neues Mantra.

Ich renne unaufhaltbar
    mit der Sonne um die Wette,
über Berge, über Flüsse,
    durch Wälder, durch Städte,
vorbei an Häusern und Straßen
    und an Kornfeldern auch,

im Vorbeiziehen sehen sie
    wie gold gefärbte Wolken aus.
Ich renne bei jedem Wetter,
    doch nie endet meine Kraft,
meine Haare wehen im Wind
    wie ein aufgespannter Drachen.
Nie schaue ich zurück,
    nichts könnte mich dazu verleiten,
denn was war, ist vorbei
    und wird nichts mehr bedeuten.
Ich gebe was auf mich,
    nicht auf andere Leute,
ich bin da, wo ich sein will,
    nicht da, wo ich sollte.

Ich reiße Bäume aus,
    um ein mega Baumhaus daraus zu bauen.
Ich springe vom Zehnmeterbrett,
    um sieben Meere zu durchtauchen.
Ich erfinde neue Gesetze,
    um dann Ausnahmen zu erlauben.
Ich erzähle Happy-End-Geschichten,
    um dann daran zu glauben.
Ich mach um Mitternacht 'nen Sonnengruß,
    denn ich will nie mehr schlafen.
Ich hab Bock auf Sturm und Tatendrang
    und hab so viel zu sagen.
Ich steh mit Kreide an der Tafel
    und stell mir selber Fragen:
Will ich die Verantwortung?
    – Ja, ich will sie gerne tragen.

Ob ich wirklich sicher bin?
  – Nein, das war geraten.
Ob ich schon bereit bin?
  – Nein, aber ich lerne nicht durchs Warten.
Ob mein Leben eine Soap ist?
  – Nein, mein Leben ist 'ne Fabel.

Mein Leben ist ein Zauberwürfel,
  und heute sortiere ich Farben.
Mein Leben ist ein Online-Store,
  denn ich kann alles haben.
Mein Leben ist 'ne Suppe,
  und ich löffle hundert Liter jeden Abend.
Du spielst Cricket auf dem Rasen?
Ich spiel Turmbau zu Babel
  und bau die höchsten Stapel.
Ich ernte den Erkenntnisbaum
  in meinem geheimen Garten.
Ich selbst? Ich bin ein Maibaum
  und mit Vollgas auf dem Wachstumspfad.
Ich trage keine Früchte,
  ich trage 'nen großen, bunten Obstsalat.

Los, renn ein Stück mit mir mit,
  ich öffne dir die Türen.
Dann kannst du so wie ich
  den Sturm und Tatendrang spüren.
Gib mir mal deinen Pfeil,
  ich treff ins Schwarze ohne Zielen.
Gib mir mal deine Sticks,
  dann kann ich Schlagzeug spielen.

Komm, wir springen über 'nen Zaun –
    nur in Gedanken gibt es Grenzen.
Los, gib mir mal dein Beanie,
    heute kann ich breakdancen,
    wie ein Perpetuum mobile mache ich den Helikopter.
Heute trage ich die Erde,
    denn ich mache heute Kopfstand.

Ich war mal ein Schluck Wasser,
    aber jetzt bin ich Champagner.

Ich erfinde eine Welt für mich
    und wecke Rilkes Panther.
Ich spring aus meinem Rad,
    ich war schon viel zu lange Hamster.
Ich bin imperativer,
    als es die Ethik von Kant war.
Meine Träume werden wahr,
    das ist mein neues Mantra.

OUTRO

ICH WOLLTE IMMER ALLES:
MEHR GLÜCK, MEHR SINN UND DICH.
UND JE MEHR ICH ALLES WOLLTE,
UMSO MEHR BEKAM ICH NICHTS.
ALS ICH AUFHÖRTE ZU SUCHEN,
DA SUCHTE ALLES MICH.
SEITDEM IST MEIN KOPF FREI—
UND AUCH MEINE SICHT.

DANKE

Danke, meinem Bruder *Justin*.
Hab ich dir heute schon gesagt,
   wie gerne ich dich mag?
Du bist der Freund in meinem Leben,
   den ich am allerlängsten hab.

Danke, *Mami* und *Papi*.
Danke, *Ami* und *Api*.
Danke, *Spatzi*.
Danke, *Berit, Nils, Vicky, Fredi* und *Zeena*.
Danke, *Kerstin*.
Danke, *Georg* und dem gesamten *Goldmann*-Team.

Danke, *euch*, die ihr mir schreibt, meine Gedanken lest und
   meine Auftritte besucht.

Danke, *dir*, dass du gerade dieses Buch aufgeschlagen hast.
   Das ist schön. Ich wünsche dir alles Gute!

Und danke, *Glückskeks,* der du mir versicherst hast, »you
   are full of good ideas«, als ich zu schreiben begann. Ich
   gebe dich hiermit an alle Lesenden weiter.

NACHWEIS

S. 9-12
William Shakespeare, *Romeo und Julia*. In: *Shakespeare's Dramatische Werke*. Übersetzt von August Wilhelm Schlegel. Berlin, bei Johann Friedrich Unger, 1797.

S. 31
Moonrise Kingdom. Indian Paintbrush, American Empirical Pictures, 2012.

S. 43
Erich Fromm, *Die Kunst des Liebens*. Übersetzt ins Deutsche von Liselotte und Ernst Mickel. Stuttgart: Deutsche Verlags-Anstalt, 1980.

S. 48
Die Orsons, »What's Goes?«. Vertigo Berlin, 2015.

S. 51
Into the Wild. Paramount Vantage, et al., 2007.

S. 62-67
»Die Gedanken sind frei«. In: *Schlesische Volkslieder mit Melodien*. Hrsg. von Hoffmann von Fallersleben und Ernst Richter. Leipzig, Breitkopf und Härtel, 1842.

S. 64
David Bowie, »Heroes«. RCA, 1977.

INHALT

Autorin

Julia Engelmann wurde 1992 geboren und wuchs in Bremen auf. Ein Video ihres Vortrags »One Day« beim Bielefelder Hörsaal-Slam wurde zum Überraschungshit im Netz und bisher millionenfach geklickt, gelikt und geteilt. Neben dem Slammen gilt Julia Engelmanns Leidenschaft der Musik und der Schauspielerei.

Ihre ersten beiden Bücher »Eines Tages, Baby« und »Wir können alles sein, Baby« schafften auf Anhieb den Sprung auf die Spiegel-Bestsellerliste.

Weitere Informationen zu Julia Engelmann unter www.facebook.com/juliaengelmannofficial.

Julia Engelmann im Goldmann Verlag:

Eines Tages, Baby. Poetry-Slam-Texte
Jetzt, Baby. Neue Poetry-Slam-Texte

(alle auch als E-Book erhältlich)

GOLDMANN
Lesen erleben